Nicht ohne den Anderen!

Einsichten auf dem Weg zu Dir
Änderungen leichter umsetzen

Widmung

Ich widme dieses Buch den Menschen, die trotz Einschränkungen Ketten sprengen und Gutes tun!

semper fidelis!

(ewig treu)

Achim Mette

Nicht ohne den Anderen

Einsichten auf dem Weg zu Dir
Änderungen leichter umsetzen

Bibliografische Information der Deutschen Nationalbibliothek:

Die Deutsche Nationalbibliothek verzeichnet diese Publikation in der Deutschen Nationalbibliografie; detaillierte bibliografische Daten sind im Internet über http://dnb.dnb.de abrufbar.

Illustration: Achim Mette
weitere Mitwirkende: Sheela Farbenlos,
                     www.sheela-farbenlos.de

Herstellung und Verlag: BoD – Books on Demand
ISBN: 978-3-8482-1983-4

Inhaltsverzeichnis   Seite

Vorwort

Wie es sich für ein gutes Vorwort gehört findest Du hier meine Gedanken für wen dieses Buch geeignet ist.

Du denkst über Veränderungen zu Deiner Person, dem Beruf oder Deinem Umfeld nach? Üblicherweise erwartest Du einen Ratgeber wie Du es anpacken kannst.

Hier klären wir gleich mal etwas wichtiges.

Ich bin ich und Du bist Du; aber was kann das schon bedeuten?

Vieles! Ich beschreibe hier teils sehr persönlich wie es einen ersten, zweiten oder auch fünften Schritt geben kann, sollte oder muss. Mittelpunkt Deiner Handlung wirst immer Du bleiben.

Mein Buch gibt Dir Einblicke in Gefühlswelten während Änderungen stattfinden oder Entscheidungen kommuniziert werden. Hier zeige ich Dir, dass manche üblen Gedanken, Gefühle oder Schmerzen sehr real werden können ohne gleich Schaden anzurichten.

Diese Normalität der Achterbahn im Änderungsprozess (kaltes Wort, oder?) soll Dir notwendige Sicherheit und Unterstützung im Handeln geben. Ich habe viel erreicht, bin kein Supermann deshalb aber umso konsequenter im Handeln.

Bist Du ein 5-plus Leser; dies wäre also mindestens das 6. Buch in Deiner Sammlung. Spar Dir das Geld; kauf Dir einen Notizblock und Stifte. Schreibe auf warum es an Dir liegt nicht in die Spur zu kommen. Brauchst Du meine Erfahrung danach immer noch, kauf dieses Buch, bevor es los gehen soll **und** der voraussichtliche Starttermin steht.

Die beschriebenen Belastungen, insbesondere während des KOKORO-Camps, sind im Rückblick der Katalysator für Handlungsstrategien im persönlichen Leben. Es gibt Menschen, die Taktiken oder Übungen ablehnen, welche einen militärischen Hintergrund haben. Ich möchte denen zu bedenken geben, dass es im Einsatz immer auch um die letzte Konsequenz, das Überleben geht.

Es muss möglichst genau, effizient und durchführbar sein. Das Berufsleben oder auch der Kampf gegen eigene Marotten ist nicht weniger anspruchsvoll; nur in einer anderen Art ☺.

Findet Ihr beim Lesen Anregungen für das eigene Handeln nutzt sie; ich freue mich für Euch schon jetzt über das Erreichen der Ziele. Schreibt mir davon wie es Euch ergangen ist und was Euch bewegte; am Anfang, während und danach!

Bevor es losgeht!

Wie Du im Buch erkennen wirst, bist Du Dein brutalster und rücksichtslosester Gegner. Keine Angst, das ist nichts Ungewöhnliches und einen Therapeuten brauchst Du auch nicht. Um Dir dessen immer bewusst zu sein klebe hier ein Bild von Dir ein. So eines mit charmantem Lächeln und offenen Augen; vor allem ohne Sonnenbrille. Versteck Dich nicht vor Dir selbst. Die Augen sind ein Spiegel Deiner Seele.

Warum? Weil Du Dein einziger Verhandlungspartner bist in Bezug auf Selbstbestimmung und Entwicklung; also rein mit dem Bild, dann kannst Du Dich auch sehen und brauchst eben nicht immer einen Spiegel:

Gewohnheit ist alles und gewöhnen wirst Du Dich an alles oder eben nicht!

Francis Schaefer hat das mal so umschrieben:

Ich bin Dein ständiger Begleiter. Ich bin Dein größter Helfer oder schwerste Bürde. Ich werde Dich weiter und höher bringen oder runter in das Versagen ziehen.

Ich bin vollkommen unter Deinem Kommando. 90% der Dinge die Du tust, könntest Du gleich mir übertragen und ich werde in der Lage sein sie schnell und korrekt auszuführen.

Ich bin einfach zu führen; zeige mir genau wie Du etwas erledigt haben möchtest und mit ein wenig Übung werde ich es automatisch tun. Ich bin der Diener aller großen Menschen und Götter aber auch allen Scheiterns.

Ich bin keine Maschine obwohl ich mit der Präzision einer Maschine arbeite, plus der menschlichen Intelligenz. Du kannst mich zum Profitieren oder zum Ruin nutzen – es macht für mich keinen Unterschied.

Nimm mich, trainiere mich und sei genau mit mir so werde ich Dir die Welt zu Füßen legen. Sei leichtfertig mit mir und ich werde Dich zerstören.

Wer ich bin? Ich bin Gewohnheit.

Francis Schaefer
übersetzt aus dem Englischen von Achim Mette

Versteck Dich nicht!

Mach aus Deinem Leben DEIN Leben! Wie das gehen kann und warum ich auch nach Jahren noch in weiterer Entwicklung bin, zeigt wie toll der eingeschlagene Weg ist sich zu entwickeln. Nutze dieses Buch auch als Arbeitsbuch; deshalb findest Du alle paar Seiten Raum für Deine Gedanken. Schreib auf was Dich berührt und warte nicht bis Du wieder aus dem Bett oder Sessel hochkommst; da ist eine Idee verblasst oder gar vergessen. Leg Dir vorsorglich Stifte an die entsprechenden Orte.

Auch werden diese Notizen eine schöne, wichtige Erinnerung, soweit Du in der Zukunft nachblättern möchtest. Später wirst Du über manchen Eintrag schmunzeln oder erinnert werden, was für Dich im Jetzt wichtig war.

Wer ich bin?

Ich heiße Achim Mette und bin 49 Jahre alt; zum Zeitpunkt des Camps 47. Ich war nie ein Spitzensportler aber immer gerne in Bewegung. Im jungen Erwachsenenalter bin ich 8x Marathon gelaufen und sicherlich einige tausend Kilometer einfach so. Dann kam der Job, die Familie und das Gewicht; von 69,5 KG auf knappe 114 KG.

2002 habe ich aufgrund eines heftigen Scheidungskrieges mit meinem Freund und Begleiter Thomas die Alpen überquert. Knappe 15.000 Höhenmeter und mehrere hundert Kilometer in 10 Tagen. Eine Aktion für alle betroffenen Kinder dieser Welt.

In diesen dunklen Jahren von Anfang 2000 bis 2008 habe ich vieles lernen dürfen (gefühltes Müssen) was mich formte und mir auch zeigte wie wichtig es ist konsequent zu bleiben, vor allem NIEMALS aufzugeben. Welche Inhalte, Erlebnisse und Widrigkeiten genau auftauchten und zu schaden versuchten ist bzw. wird Thema eines weiteren Buches werden.

Habe ich jetzt Menschen aus meinem Umfeld aufgeschreckt? Keine Angst, ich werde bei der Wahrheit bleiben und Namen . . . . . . ; immer, wie in diesem Buch auch, praktisches Wissen zur Visualisierung von Situationen.

Was mich sonst ausmacht hat vor langen Jahren einmal John Denver in ein Lied geschrieben; natürlich nicht für mich aber es kommt dem nahe.

**I want to live, I want to grow,
I want to see, I want to know,
I want to share what I can give,
I want to be,
I want to live**

Bei diesem Klassiker gefällt mir der Live-Mitschnitt aus dem Sydney Opera House mit großem Orchester am besten.

Hier ist Deine „Ich trau mich" Seite

Schreiben, Malen, Zeichnen, Kritzeln
Hier ist alles erlaubt!

Hier ist Deine „Ich trau mich" Seite

Schreiben, Malen, Zeichnen, Kritzeln
Hier ist alles erlaubt!

KOKORO plus 730

Eine Langzeitbetrachtung über Vorbereitung und Auswirkungen von mentaler/körperlicher Trainingsbelastung am Beispiel KOKORO Camp 10 im Juni 2010 in Encinnitas, California bei NavySeals.com

Im Oktober 2009 fiel die Entscheidung mein Meisterstück im Juni 2010 mit dem Bestehen des KOKORO Camps zu machen. Erste Infos beim CEO Mark Divine, Commander USN/Seal ret., und seinem Team einholen; die Zielplanung erstellen sowie die innere Einstellung „Quitting ist not an Option" leben.

Nun sind es 24 Monate nach dem ich mein Ziel erreichte. 50 Stunden Hardcore Belastung für Körper und Geist bis zum erlösenden Spruch „Class 10 you are secure".

Das Trainingskonzept der „5 Mountains" im Kontext mit Navy Seal Trainingsmethoden ist weltweit vielleicht das härteste im zivilen Sektor aber sicherlich eines oder das effizienteste am Markt.

Eine Erläuterung des Trainingskonzeptes findest Du im Anhang. Blättere kurz dorthin und habe dadurch ein besseres Verständnis über Intensität und Ziel.

Was hilft Dir meine Erfahrung aus den 730 Tagen danach?

Es zeigt Dir ganz praktisch und ungeschminkt einen möglichen Weg mit den aufgezeigten Werkzeugen und Tipps zu planen, - durchzuhalten – und Deinen Way of Life zu finden.

So ehrlich wie ich meine Erfahrungen im TUN machte und aus vermeintlichen Niederlagen wuchs, so wirksam werden sie Dir bei der Umsetzung in Deinem Leben helfen. Ich war und bin stolz auf das Erreichte aber natürlich weiterhin auf meinem Weg das Leben aktiv zu gestalten.

Was wir wann, wo und wie für uns erreichen wissen wir alle nicht.

Wie hat es die Band U2 in ihrem Lied – Kite - besungen:

**„Whose to say where the wind will take you
Whose to say where the wind will break you"**

Mir gefällt übrigens der Live-Mitschnitt vom Konzert 2001 in Slane Castle am besten.

Es selber aktiv, auch unter schwersten Bedingungen, zu lenken; darauf habe ich Euch hoffentlich hungrig gemacht.

Mein Weg nach Encinnitas, California

Es begann mit einem blöden Spruch!

Mein Bruder rief im April 2008 von irgendeinem Strand aus einer Verhandlungspause an und meinte wir sollten mal sowas wie Tough Guy Race machen; vorab zur Info, ich lief alleine.

2008 habe ich für mich deshalb einen Schnitt vollzogen. Meinen Kindern habe ich den Lauf im Januar 2009 in England „Tough Guy Race" gewidmet und mich mental sowie körperlich neu sortiert; in acht Monaten 25 KG und nach insgesamt 15 Monaten 34 KG abgebaut. ABER ACHTUNG: immer unter Kontrolle der Körperwerte **und** des jeweiligen Trainings durch Profis.

Warum der Tough Guy Race?

Wir Kerle spielen gerne im Dreck, Schlamm, lieben das Wasser und Hindernisse, dürfen uns also mit voller Absicht dreckig machen und das bei Regen, Eis und Schnee. Er gilt als der härteste Geländelauf weltweit und beinhaltet Abschnitte wie „The Killing Fields".

Der Frauenanteil bei diesem Rennen liegt leider nur bei knapp 20% und vielleicht hat ja die ein oder andere Leserin Lust auf sowas. Infos findest Du im Netz unter **www.toughguy.co.uk**; es ist ein tolles werthaltiges Erlebnis und ein sicherlich völlig anderer Lauf als Du es ahnen kannst.

Zieleinlauf

**Auf dem Weg zur
heißen Schoki mit Keks**

**Volker Beitler   Achim Mette   Markus Riedl
Profis in einer Meeting-Pause**

Voraussetzungen schaffen!

Um am Camp teilnehmen zu können sind körperliche und formale Voraussetzungen zu erfüllen. Vor Antritt der Reise war damals Fitness wie folgt nachzuweisen:

In jeweils 2 Minuten waren hintereinander mindestens 50 Liegestützen, 50 Sit-Up´s, 50 Kniebeugen, 6 Klimmzüge sowie 3 Meilen in unter 26 Minuten zu absolvieren.

Meine Zahlen lagen damals bei 64 / 56 / 84 / 8 sowie 23:20 Minuten für den Lauf.

Daneben hatte ich einen 500 Worte-Aufsatz vorzulegen wie meine Trainingshistorie aussieht und warum ich zugelassen werden möchte. Natürlich gehören entsprechende Erklärungen zu Vorerkrankungen, ärztlichen Befunden und Fitness dazu.

Zu den aktuellen Voraussetzungen findest Du weitere Informationen auf **www.navyseals.com**.

Bedenkt bitte es geht nicht um Bespaßung sondern ultraharte Belastungen physischer und psychologischer Art.

Mein Preis, in Trainingseinheiten gemessen, waren in den Jahren 06/2008 – 07/2012 folgende:

2008	2009	2010	2011	2012
84	139	153	145	86

Jede Einheit ist mit mindestens 3 Stunden (Workout und Körperpflege) veranschlagt. Dies bedeutet in Stunden:

2008	2009	2010	2011	2012
252	417	459	435	258

Sei Dir bewusst es sind Stunden, welche Du anderen Bereichen nehmen musst! Versuche realistisch das Zeitkonto zu füllen. Wie?

Lass uns rechnen:

Jeden Tag verzichtest Du auf

1,0 Stunde TV	365,0 Stunden
0,5 Stunde Internet	182,5 Stunden
Kapazität pro Jahr	**547,5 Stunden**

Jetzt schau Dir meine Zeiten in den Jahren an und Du kannst erkennen wie simpel Anfangen sein kann.

Dies bedeutet für die Jahre 2008 bis 2012 eine durchschnittliche Wochentrainingszahl von:

2008	2009	2010	2011	2012
2,8	3,0	3,3	3,1	3,2

Beachte aber Deinen Alltag und die Notwendigkeit Trainingsurlaub zwecks Erholung zu machen. So sind es pro Jahr mindestens 4 Wochen, die frei sind von Einheiten, und mit der ein oder anderen Erkältung üblicherweise 6 Wochen insgesamt.

Berufliche Abwesenheiten sind kein Grund, da Training immer möglich ist. Bist Du unterwegs pass die Inhalte an. Nutze die Fitnessbereiche in Hotels oder informiere Dich vorher wo Du Laufstrecken findest.

Es bedarf der Gewöhnung in der Reiseplanung, aber über Gewohnheit hast Du ja schon am Anfang dieses Buches gelesen.

2012 trainiere ich also 18,4 Einheiten mehr als noch 2008. Keine sprunghafte aber beständige Steigerung an die sich der Körper wesentlich besser gewöhnt. Beständige Arbeit oder steter Tropfen . . . . !

17.480

Über ein Jahr verteilt klingt 18,4 nicht viel aber lasst es uns visualisieren. Ich verbrauche im Training, abhängig von der Belastungsart, zwischen 700 und 1200 Kalorien. Nehmen wir zur Rechnung 950; in Summe 17.480 oder auch ein Wochenbedarf an Brennwert für den Körper.

Wie viele Belohnungen das wären überlasse ich Eurer Fantasie ☺.

Achtet bitte beim Training darauf neben der Stückzahl auch immer wieder die Intensität zu überprüfen. Nur so bleibt der Spaß an der Herausforderung ohne schleichend zu ermüden.

Ein Zeitraum von mittlerweile vier Jahren und Erfahrung aus „hunderten" Trainingseinheiten sollten mir den Tipp erlauben.

Konsequenz in Bildern

Wie und wohin ich mich entwickeln würde, konnte ich am 04.06.2008 weder erkennen noch erahnen. Es war eine in Teilen sehr intensiv schmerzhafte Zeit und die Wege waren zu keiner Zeit gradlinig nach oben. Die Wertegrafiken betreffen körperliche Werte und können ohne Angabe der Einheiten für jeden Bereich privat oder beruflich „übersetzt" werden. Es wird immer und überall Widerstand auftauchen, sobald erste Erfolge sichtbar werden.

Wobei ich mit Widerstand nicht nur die Menschen in Deinem Umfeld meine, sondern insbesondere die inneren Hindernisse.

Die Grafiken auf der nächsten Seite zeigen insgesamt die deutlich positive Entwicklung und das hervorragende Ergebnis. Sie zeigen aber auch, dass es aus den unterschiedlichsten Gründen Ausschläge gibt, welche zu ihren Zeiten demotivieren   bzw. Zweifel aufkommen lassen können.

So wenig wie das Leben in vorbestimmten geraden Bahnen verläuft, so wenig sind Einflüsse von außen/innen immer verhinderbar. Es geht in jedem Lebensbereich darum dies zu erkennen und gerade hier um das „nicht aufgeben"!

Zeitraum 04.06.2008 bis 03.10.2009

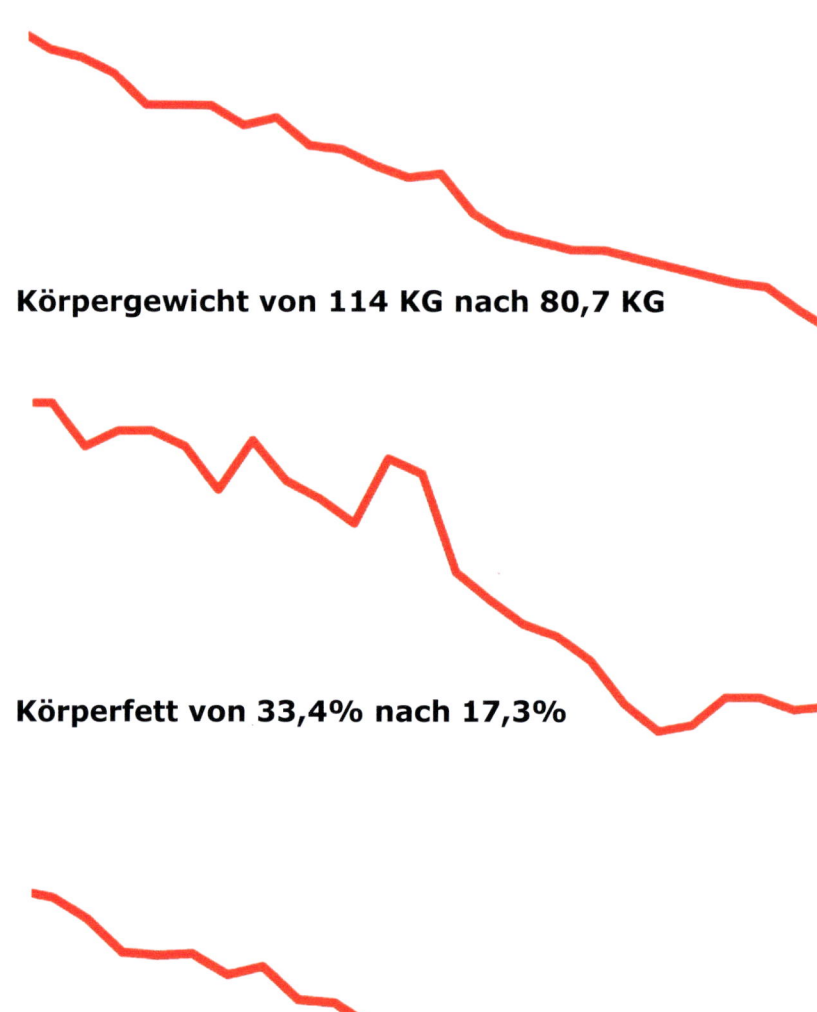

Körpergewicht von 114 KG nach 80,7 KG

Körperfett von 33,4% nach 17,3%

Body-Mass-Index von 34,4 nach 22,3

Hier ist Deine „Ich trau mich" Seite

Schreiben, Malen, Zeichnen, Kritzeln
Hier ist alles erlaubt!

Hier ist Deine „Ich trau mich" Seite

Schreiben, Malen, Zeichnen, Kritzeln
Hier ist alles erlaubt!

Drei Bereiche

Ich möchte Dir in drei Bereichen Auswirkungen in einer Langzeitbetrachtung näher bringen:

Privat / Beruf / Sport

Verschiedene Aspekte welche Dich verschieden stark betreffen. Aber eine effiziente Methode sollte immer alle Bereiche erreichen. Natürlich in verschieden starker Ausprägung; nur immer hilfreich.

Ich coache Menschen bei Veränderungen oder Perspektivwechseln. Mein Anspruch ist immer ein praktischer Helfer zu sein und keiner der auch mal ein paar Bücher gelesen hat. Diese Theoretiker sind ideal für die vielen Alibi-Aspiranten welche bei der ersten, spätestens der zweiten Unannehmlichkeit abbrechen, denn „ich habe es ja versucht".

In der Führungskräfte-Entwicklung oder bei Einzel-Coachings gehe ich, je nach Absprache, auch an Grenzen heran und zeige auf wie häufig diese Zäune nur in den „Gefängnishöfen" der eigenen Gedanken vorkommmen.

Das benötigt Erfahrung und Einfühlungsvermögen zur späteren Grenzüberschreitung und weniger theoretische Kenntnisse durch Anlesen wie es wohl sein könnte.

Und hier sind wir schon an einem **wichtigen Punkt**.

Berater, gutmeinende Freunde oder Menschen, die sich erlauben bzw. versuchen Einfluss zu nehmen. Änderst Du Dich hat das Einfluss auf die Wahrnehmung anderer. „So what?" wie es neudeutsch heißt.

In den letzten Jahren gab es eine Schwemme an Beratungs-Qualifikationen, teils im Fernstudium oder Wochenendkurs. Benötigst Du praktische Hilfe in Lebenssituationen sind die Menschen, welche die Hilfe leisten können häufig keine Ärzte, Therapeuten oder sonstige Akademiker. Erfahrungen werden im Leben gemacht.

Brauchst Du für Situationen eventuell zusätzlich theoretische Kenntnisse, organisiere welche über die entsprechenden Berufsgruppen.

Sicherlich wirst Du vor der Trainings-Aufnahme einen ärztlichen Check machen lassen. Willst Du einen komplexen Arbeitsvertrag oder als Selbständiger eine Zusammenarbeit fixieren, welche unklare Formulierungen enthalten, konsultiere einen Anwalt usw..

Alles andere in der Weiterentwicklung wirst Du durch Erfahrungen im Tun erlernen. Hierfür ist es wichtig ehrliche Menschen zu treffen; meistens kennst Du ohnehin schon welche oder wirst sie auf Deinem Weg treffen.

Sprich mit Deinen erfahrenen Bekannten über benötigtes Know How, sie helfen Dir durch Empfehlungen und Kontakte sicherlich gerne weiter. Hier liegt es einfach bei Dir und dem „Trau Dich Fragen zu stellen".

Privat:

Du möchtest 12 KG abnehmen und nichts ändern? Träum weiter!

Sprich mit denen die es geschafft haben **und** das Gewicht halten. Dein Umfeld, sei es in der Familie oder andere, wird sagen „Aber Schatz ich mag Dich wie Du bist" bzw. „Schaffst Du doch nicht und denk an den JoJo-Effekt!" Zu einem Beispiel kommen wir noch.

Der wichtige Punkt eines Trainings in jeglichem Bereich liegt in der Ausgestaltung und Gewöhnung der Konsequenz des eigenen Handelns.

Du als Dein brutalster, rücksichtslosester Gegner wirst immer wieder alles versuchen Dich zu behindern. Dazu ein kurzes Statement aus meinem Tagebuch vom Dezember 2009:

„Die Fresslust auf Süßes nimmt wieder ab aber auch hier ist es mühsam die Spur zu halten."

Richtig gelesen „mühsam" aber nicht unmöglich. Das macht den Erfolgreichen aus; erkennen und abstellen von Fehlverhalten in der Entwicklung! Ich bin weder Asket noch geregelter Völlerei schuldig; ich genieße einfach nur in entsprechenden Abständen und als Belohnung. Zu dem „Wie" der Belohnungen kommen wir später.

Beruf:

Du planst eine Weiterbildung oder den Wechsel in eine andere Richtung?

Auch hier; sprich mit denen die es erfolgreich geschafft haben. Sprich mit Abbrechern nur wenn Du „stabil" stehst und eventuell Versagensgründe verstehen möchtest.

Fehler in der Auswahl der richtigen Weiterbildung oder des Wechsels in eine andere Richtung können durch eine Übung vermieden werden. Viele stehen ihrem eigenen Potential skeptisch gegenüber.

Hier solltest Du Dir Zeit, den berühmten Stift, nehmen und anfangen aufzuschreiben was Du wirklich gut kannst und wohin Du damit beruflich könntest oder willst. Sollte das Ergebnis ein anderes Berufsbild sein, stelle die Weiterbildung in Frage. Wie Du diese Zielfragen formulierst findest Du weiter hinten.

Ich begleitete eine Zeit lang eine junge Frau Anfang 20, welche während einer Weiterbildung im Finanzsektor um Rat fragte. Während unserer Gespräche und Übungen stellte sich der lang ersehnte Wunsch wieder ein im Gesundheitswesen arbeiten zu wollen.

Sie hatte die Banklehre ihrem Vater zuliebe gemacht und brauchte knapp 5 Jahre um dieses Unwohlsein im Beruf zu definieren. Wir sind uns sicher einig darüber, dass die Weiterbildung im Finanzsektor am Kern des Berufswunsches vorbei lief.

Sport:

Du magst den nächsten Halbmarathon in Deiner Stadt laufen?

Sprich mit Finishern über ihre Erfahrung aber auch mit anderen Sportlern was sie bewegt und wie weh es manches Mal tut. Nur so wirst Du entscheidungsfähig.

DU entscheidest; andere reden, Du handelst. Es geht weit überwiegend nicht um gewinnen sondern um das „nicht aufgeben".

Als wir auf der letzten Nachtübung waren (Marsch mit ca. 20 kg Gepäck, 1000 Höhenmetern auf einer Länge von 25 KM) war ein Freund vom Coach dabei, der den Weg rauf gelaufen ist. Ich habe ihn am nächsten Morgen gefragt warum er das macht. Seine Antwort war simpel wie das Leben „Weil es mir Spaß macht".

Je intensiver und konsequenter Du trainierst erhälst Du unvorstellbare Kraft für zukünftige Entscheidungen.

Jetzt wird es unbequem

Härte gegen Dich selbst; klingt wild, nur wild! Es ist eine Sache der Perspektive und welchen Preis Du bereit bist für Deine Ziele zu bezahlen; damit meine ich nicht das Geld! Der jeweilige Schmerz wird eh überbewertet.

Gerade in einer Welt aus cool sein und bespaßt werden wollen, wird es eine für Dich qualitativ wertvolle Änderung nicht geben können. Du bist in Umfeldern verankert, welche Dein privates und berufliches Leben derzeit ausmachen. Nicht jeder in Deinem Umfeld will diese meist angenehme Ruhe verlassen, aufbrechen oder sogar ausbrechen. Verantwortlich bleibt jeder für sich und da fangen für manchen die Schwierigkeiten an.

Sozial Engagierte wollen nicht „stören" und stecken gerne zurück; häufiger Frauen als Männer. Es wird Dir aber nichts bringen in 30 Jahren darüber zu sprechen, wie es hätte sein können. Heute ist der Tag an dem Du Dich entscheiden DARFST, vielleicht war er auch schon gestern; nur das Tun muss sofort anfangen. Sicherlich in kleinen Schritten aber mit erkennbarer Bewegung. Während dem Gehen wirst Du sehr schnell erkennen was sich für Dich gut anfühlt und dann wird es an Geschwindigkeit gewinnen. Keine Angst, denn Wegrennen vor sich selbst ist noch niemandem gelungen. Du wirst immer bei Dir sein.

Entscheiden dürfen?

Wir leben in einer Zeit in der Du weit überwiegend eine Wahl hast. Bei uns bist Du nicht von Geburt oder Herkunft an in eine Rolle verdammt. Vielleicht ist Dein Entscheidungswille ein wenig eingerostet aber dafür gibt es ja Rostlöser wie Gedanken, Wünsche und daraus generierte Ziele!

Privat:

Du willst nicht mehr für Jeden immer da sein? Gute Entscheidung, denn Du bist es wert mehr Zeit für Dich zu haben. Wo ist da die Härte? Beginne einfach das Wort NEIN zu genießen aber so einfach ist es dann doch nicht, oder? Wichtig ist das konsequente Dranbleiben. Hier wirst Du vehemente Gegenwehr und Einflussnahme erleben; von denen für die Du verfügbar warst! Überrascht? Bisher hast Du funktioniert und nun willst Du selbstbestimmt im Leben stehen.

**Änderungen sind wie ein Steinwurf in den See;
Auswirkungen werden sichtbar.**

Beruf:

Es geht im Job als Führungskraft schlicht nicht jeder-
mann/frau Liebling zu sein. Führung bedeutet Verantwortung gegenüber dem Team und den Vorgesetzten.
Erkennbare ehrliche Berechenbarkeit ist nicht immer
leicht aber sehr effizient. Übe und formuliere Verantwortung am Thema.

Du bist gut aber ohne das Team nicht leistungsfähig.

Wenn Du zum 37. Mal morgens gegen 07.00 Uhr in die
Brandung musst, weil das Team kein Team ist wird es
klarer: „be efficient to be proficiant"

Deine erste Führungsaufgabe?

Du bist im Studium in den Vorlesungen gewesen und
kennst Führungsstile zwischen autoritär und kooperativ.
Schön, aber das ist Theorie. Das Leben wird Dir ganz
praktisch zeigen wie Du richtig führst oder eben nicht.

Nach meiner Erfahrung sind gute Führer immer Menschen, welche authentisch sind, Führung vorleben bzw.
positives Vorbild sind.

Wer führen will muss dienen können!

Es wird in diesen Positionen immer erwartet, dass Du über dem Durchschnitt und mit mehr Leistungswillen ausgestattet bist.

Erwarte als Unternehmer nie, dass ein Angestellter unternehmerisch denkt, aber übergib ihm Verantwortung und Du wirst ihn regelmäßig wachsen sehen. Beim Militär sieht das manches Mal ein wenig anders aus; aber da sind auch die Aufgaben anders verteilt.

Als Zugführer hatte ich meine Soldaten auf einem Leistungsmarsch zu begleiten und gleichzeitig die Verantwortung der Marschüberwachung für die ganze Kompanie. Gegen Ende der Übung; es waren noch 2 Gruppen unterwegs, fuhren wir an der letzten Gruppe vorbei und erkannten Schwierigkeiten. Ich ließ meinen Fahrer halten und sprach den Gruppenführer an. Er meldete und beschrieb die Lage. Ein Mann zeigte starke Erschöpfungserscheinungen und zwei weitere hatten Probleme mit ihrer persönlichen Einstellung. Ich ließ den Rucksack und die Waffe von Kameraden übernehmen.

Auf meine Frage, ob er die restlichen zwei Kilometer mit dieser Erleichterung schaffen würde, sagte er ja und reihte sich wieder ein. Nr. 2 mit persönlichen Problemen in der Einstellung meckerte: „Aus dem Fahrzeug heraus ist es leicht Befehle zu erteilen"! Nun, da hatte er den falschen Ansprechpartner erwischt. Ich stieg aus, ließ mir Gepäck und Waffe geben und übernahm die Gruppe.

Auf dem freiwerdenden Sitz ließ ich den erschöpften Soldaten mitfahren und schickte das Fahrzeug weg. Ich beendete diese Übung mit der Gruppe nicht im Marschtempo sondern im Laufschritt; dabei verdoppelte ich die restliche Strecke auf 4 Kilometer. Mit Gepäck und Waffe im Hochsommer wurde dies für die Gruppe denkwürdig.

Es gab zukünftig keinerlei Probleme und durch Vor- bzw. Mitmachen keinerlei Argumente für Standardnörgler. In dieser Situation war es sinnvoll dem Team zu zeigen, dass starkes Bemühen erkannt wird (Erschöpfter mit KFZ zurück) und durch Eingreifen Missstände (Meckern demotiviert das gesamte Team enorm) behoben werden; sofort wenn möglich, ansonsten zum nächsten Termin.

Missfits werden schneller erkannt und können aus dem Team herausgelöst werden.

Sei ein Vorbild in Wort und Tat; Dein Team belohnt es durch „Leistung auch nach Mitternacht"!

Uppss!? Hatte ich vergessen zu erwähnen, dass der gute Führer körperlich auch sehr fit ist, um von vorne zu führen? Wobei für einen guten Führer in einer Hierarchie wie der beim Militär eines besonders klar sein sollte; er übernimmt Verantwortung für Menschenleben!

Ich halte es hier wie George Washington (1732 - 1799) welcher zum Anspruch an den Offizier folgendes sagte:

„Remember that it is the action and not the commission that make the officer and that there is more expected from him than the title"

"Take care of each man as though he were your own brother . . . . . He is!"

Frei übersetzt lautet es:

Bedenke, es ist das Handeln und nicht die Ernennung die den Offizier ausmachen und das von ihm mehr erwartet wird als der Titel.

Kümmere Dich um jeden Mann als wäre er Dein eigener Bruder . . . . . Er ist es!

Ein schwerwiegender Inhalt in obigen Worten zu einer Selbstverständlichkeit in der Führung. Setze diesen Anspruch für Dich um, auch wenn es anfänglich nicht leicht sein wird. Weniger werden andere geben aber um andere brauchen wir uns nicht zu kümmern.

Es ist immer der Anspruch gegen sich selbst, welcher uns entwickeln lässt.

Wie bei allen Vorhaben sind wir uns, üblicherweise, selbst gegenüber der schärfste Kritiker.

Zu dieser Anpassung haben viele Vorbehalte. Im Team-Training oder Einzel-Coaching wird anfangs davon ausgegangen sich selber aufgeben zu müssen. Hier handelt es sich wahrhaft um ein Missverständnis. Es bedeutet zu jeder Zeit die übertragene Verantwortung zu leben und sich nicht auf Titeln auszuruhen bzw. sich dahinter zu verstecken; weil man wurde ja zum x-ten Mal befördert.

Sicher, im militärischen Zusammenhang, hat es notfalls die persönlichste aller Konsequenzen.

Auch im privaten und zivilen beruflichen Sektor werden Menschen dadurch zu Führungspersönlichkeiten. Wer diese Herausforderung annimmt wird ein tolles selbstbestimmtes Leben führen, da er/sie weiß mit Ressourcen umzugehen und vor allem damit hauszuhalten. Nach jeder harten Beanspruchung sollte die Erholungsphase eine Regel sein.

250 Überstunden und/oder 30 Tage alter Urlaub?

Teils höre ich von Arbeitnehmern, dass dutzende Überstunden (in Spitzen mehrere Hundert) und dadurch meist auch Unmengen von Urlaubstagen vorgetragen werden?!

Hier ist Deine „Ich trau mich" Seite

Schreiben, Malen, Zeichnen, Kritzeln
Hier ist alles erlaubt!

Hier ist Deine „Ich trau mich" Seite

Schreiben, Malen, Zeichnen, Kritzeln
Hier ist alles erlaubt!

Mal deutlich und klar!

Liebe Möchtegern-Führungskräfte,

denkt an folgendes:

Bevor der Mitarbeiter stirbt brennt er/sie aus. Gute Angestellte sind, wider jeglicher Gerüchte, nicht im Bürofachmarkt zu beziehen. Sie bedürfen der Hege und Pflege, also einer menschlichen Behandlung.

Ihr werdet nicht besser bewertet soweit Burnout-Fälle regelmäßiger aus eurer Abteilung kommen. Fangt an Verantwortung zu übernehmen und schützt den euch unterstellten Bereich durch eine entsprechende Kommunikation an die nächsten Ebenen.

Vielleicht ist gerade jetzt die Zeit ein entsprechendes Mail zu schreiben?

Auf diese unangenehmen Gespräche stelle ich Führungskräfte regelmäßig ein. Soweit ihr es bisher unbewusst verdrängt; **trainiert diese Gespräche**!

Sollten diese Gespräche verpuffen oder nicht ernst genommen werden, wird es Zeit für Dich zu überlegen, ob Du Dein Potential dem richtigen Unternehmen zur Verfügung stellst.

Sport:

Du möchtest diesen Hang rauf laufen; so einen mit 600 Metern und 8 Grad Steigung?

Da werden nicht nur die Muskeln hart, sondern auch die Beine weich. Wiederhole, wiederhole und wenn es weh tut und die Lunge brennt erfährst Du „no pain, no gain"; kein Schmerz, kein Fortschritt.

Dazu ein Eintrag aus meinem Tagebuch vom August 2009:

„….., habe ich heute nach mehr als 18 Jahren meinen ersten 2-Stunden-Lauf im Gelände hinter mich gebracht. Es war intensiv schön und nie ein Gedanke an „geht nicht" vorhanden."

Glaubt mir, es war ein geiles Gefühl und die Belohnung entsprechend!

Hier ein kurzes aber wichtiges Wort

Immer unter Berücksichtigung DEINER persönlichen Leistungsfähigkeit aber unter Ignoranz sämtlicher innerer Schweinehunde!

Nutze unbedingt die Erfahrung von Menschen, die ihre eigenen **gerne** teilen. Das können Profis sein; müssen es aber nicht. Fragen nach dem Wie sind keine dummen Fragen! Höre gut zu und nutze die Antworten zu Deinem Vorteil. Dies motiviert bei Kenntnissen über Hintergründe des „Warum" ungemein.

Meine Lieblinge

Seit mittlerweile über zwei Jahren nach dem Abenteuer KOKORO habe ich ein anderes Selbstverständnis in Bezug auf meine 3 Schweinehunde. Schweinehunde sind sehr persönliche Begleiter; meine habe ich identifiziert und mittlerweile fast lieb gewonnen.

Nr. 1 kommt vor dem Event: Komm lass doch, bleib locker, fühl mich nicht wohl usw.

Nr. 2 kommt vor der Halbzeit und äußert sich: reicht eigentlich, nicht dass noch was passiert, weiß ja nicht ob das richtig ist.

Nr. 3 kommt kurz vor Zielerreichung und meint: hör endlich auf es reicht, nicht dass was passiert, du bist weit vor den anderen.

Klingt bekannt? So lange **Du für Dich** Maßstäbe gesetzt hast, ist dies nicht mehr als fortlaufende Übung Deinen Hunden zu begegnen. So gut das Camp ist, es wird Dir danach leicht fallen Dich so einzustellen. Mit ein wenig Geschick wird es zu einer Gewohnheit.

Natürlich benötigt auch jeder einen „Wachhund", welcher in den richtigen Situationen die Wahrnehmung für sich selber schärft und vertritt. Er passt auf Dich auf wie Du auf Deine wichtigsten Menschen im Umfeld aufpassen würdest.

Er hört auf den Namen Selbstwahrnehmung und bedarf wie vieles auch dem richtigen Training. Nur wer intensiv nach innen hört kann nach außen zeigen was geht. Dies schützt Dich schlicht vor Übereifer und Verletzungsrisiko und wird im Beruf und Privatem genauso benötigt.

Fang also an Deine „Intuition" zu nutzen ohne Dich einzuengen. Dies hilft Dir in vielen Belangen die richtigen, nicht mit harten Fakten belegbaren, Dinge zu entscheiden.

So einfach, es tut fast weh!

Die zwei folgenden Beispiele sind so simpel, dass es fast weh tut aber in den wichtigen Dingen ist das Leben einfach. Wir sind es nur mittlerweile gewohnt hinter jedem und allem etwas Komplexes zu vermuten. Also brems Dich und wechsel gerne mal die Perspektive.

Privat:

Ich möchte weniger vor dem TV sitzen.

Mach ihn aus und steh auf! Bestell die Zeitschrift ab oder kauf sie erst gar nicht. Sie werden laut bellen bzw. grunzen, aber Hunde welche bellen beißen nicht.

Beruf:

Terminarbeiten möchte ich sofort erledigen. Was hält Dich ab? Genau Hund 1 der mindestens 5 Ausreden bereit hält, geschweige seine Brüder. Erkenne sie, lächle und tue!

Sport:

Das Training ist derzeit angenehm. Es wird Zeit die Latte höher zu hängen. Hörst Du sie schon näher kommen.

Hast Du Dich an Veränderungen in Deinem Leben als etwas Schönes gewöhnt gehe weiter und „stay in the fight" auch „bleib im Kampf". Deine Schweinehunde werden nicht müde, aber weit weniger erfolgreich in ihrer Arbeit.

Wie Training auch mal laufen kann, möchte ich mit einem Tagebucheintrag vom November 2009 unterlegen:

„Durch die miserable Nacht verschob ich das Training nach innen am Abend. Nach 32 Min. brach ich ab und verschob auf Heute Morgen. Das war auch die richtige Entscheidung weil es gestern Kopf- und Körperzustand zeigten.“

Keine Angst das ist Leben und das Leben hat Kurven und Hindernisse. Achte sehr genau auf Dich, nur so wirst Du eine tolle Leistungsstärke aufbauen können.

Niemals gegen den eigenen Körper!

Sei sensibel!

Du kannst heute Pulsuhren, App´s und sonstigen Schnick-Schnack kaufen.

Bringt das was? Nur bedingt, da es wesentlich wichtiger ist die Informationen Deines Körpers verstehen zu lernen **und** deuten zu können.

Wie fühlt sich was an!

Soweit Du keine Dysfunktionen hast und ärztlich dringend angeraten wird nicht über Puls X zu kommen wirst

Du lernen, vielleicht auch erneut lernen, auf Zeichen Deines Körpers zu hören. Wir sind nicht im Hochleistungsmodus wie Profis. Ich habe bisher noch nie einen Freizeitsportler mit Uhr erlebt, der deutlich bessere Ergebnisse hatte gegenüber dem, welcher ein gesundes Eigenempfinden besitzt.

Ich lief 2010 mit meinem Bruder und einem Bekannten im Wald. Die Strecke war leicht hügelig und wir liefen locker einen seichten Hang hinab als plötzlich eine Uhr piepte; recht penetrant in ansonsten angenehmer Natur. Ich fragte den Mitläufer wie es ihm geht. Er sagte „Ich fühl mich klasse aber die Uhr sagt ich muss langsamer werden wegen dem Puls.

BITTE ??

Er war kein Reha-Kandidat oder sonst wie belastet. Ich bat ihn die Uhr doch einfach mal zu ignorieren und auf sein Gefühl zu hören. Es war eine herrliche Stille und er genoss den weiteren Lauf sehr.

Also bleibt bitte auf dem Boden und genießt das Leben außerhalb einer Taktung.

Ich nutze eine einfache TIMEX, wasserdicht (längere Regen-/Schnee-Läufe), zur Gesamtzeitmessung von Strecken. Die Uhr sollte beleuchtet sein, da digitale Zifferblätter sonst in der Dämmerung nicht mehr lesbar sind.

Was mir in letzter Zeit immer häufiger auffällt sind Menschen die während dem Training das Handy, E-Book-Reader dabei haben oder Video-Schirme an den Geräten nutzen.

Mal ernsthaft; wann willst Du anfangen Training am Körper ungestört, somit effizienter, wahr zu nehmen? Raus aus der Dröhnung des beruflichen/privaten Alltags und rein in die Ruhe mit sich selbst. Dadurch nimmst Du Dich und die Umwelt ganz anders auf. Vergessen wir nicht den Sicherheitsaspekt gerade im Outdoor-Bereich!

Vor ein paar Jahren wurde ein Jogger am Strand von einem notlandenden Privatflugzeug überrollt und getötet; er trug Kopfhörer und hörte es von hinten nicht kommen. (KEIN WITZ!!)

Krass oder; es reicht auch ein Auto oder Fahrrad zu überhören. Denkt mal darüber nach.

Viele Trainings geben Dir einen kurzen Kick und wenig für die Zukunft! Warum ist das so? Weil es seichtes Wasser ist und Du Dich im KOKORO Camp mit Dir, Deinem Potential konfrontierst, um dabei mental wie körperlich neu aufgestellt zu werden. Dann hast Du es geschafft; außer Du brichst ab.

Schmerz ist vorübergehend,
Aufgeben ist für immer.

Wie wahr dies ist können nur Finisher von entsprechend harten Belastungen bestätigen.

Vier Fragen

Hierzu habe ich Mark Divine Chef-Coach und ehemaliger Offizier der Navy Seals gebeten Fragen zu beantworten. Seine VITA findest Du ebenso im Anhang:

Wer meldet sich zum KOKORO-Camp an?

Wir haben Meldungen von Männern im Alter 17 - 60 und wenige Frauen von 30 - 50 Jahren.

Die berufliche Herkunft teilt sich wie folgt auf:

Vorbereitung militärische Speziallaufbahnen (SpecOps) 25% (Alter 18 – 25)

Militärische und polizeiliche Einsatzkräfte 25 – 35% (Alter 21 – 50)

Zivilisten wie Selbständige, Athleten usw. 40 – 50% (Alter 28 – 60)

Wer gibt auf und warum?

„Üblicherweise geben Teilnehmer auf, welche mit nicht ausreichender mentaler oder physischer Vorbereitung antreten; Ausdauertraining ist wichtig. Auch brechen Teilnehmer ab, die unter Stress ihre mentale Kontrolle verlieren, welche fast noch wichtiger ist als körperliche Aspekte.

Natürlich kommen dann noch Ausfälle aufgrund von Verletzungen, welche auch in intensiven Sportarten üblich sind, vor."

Wie ist das kurz-/langfristige Feedback ans Team?

„Das macht mich besonders stolz auf mein Team und unsere Arbeit. Es hat Auswirkungen bis in den Alltag; einige davon sind:

Teilnehmer nennen es lebensändernd als beste Erfahrung in ihrem Erwachsenenleben.

Gesteigertes Selbstvertrauen

Erhöhte Effektivität durch Anwendung der Fähigkeiten welche im KOKORO gelehrt werden.
Verbesserte Fähigkeiten mit täglichen Stressfaktoren umzugehen, da solche meistens gegenüber der KOKORO Belastung verblassen oder diese besser managen lassen.

TEAM-Building Fähigkeiten verstärken sich.

SpecOps Kandidaten haben bei Eingangstests zu Sonderausbildungen eine 97%ige Erfolgsquote."

Was gibt es über den Autor zu sagen?

„Achim Mette ist durch sein Bestehen eine Inspiration! Es handelt sich um das physisch/psychisch schwierigste Training, welches für Zivilisten erhältlich ist.

Seinen Kampfgeist und unschlagbaren Willen bestätigend hielt Achim durch und wuchs während der rigorosen Sealfit-Academy und dem „Schmelz-Test" von 50 Stunden aus Non-Stop körperlicher und mentaler Herausforderung des renommierten KOKORO Camp.

Dies Buch ist ein Zeugnis von Achims Erfahrung und ich ehre seinen Wunsch diese Einblicke weiter zu geben und Anderen auf ihrer Reise zu helfen."

Anmerkung des Autor:

Ich bin natürlich stolz auf diese Aussage zumal sie von einem ehemaligen Offizier der Navy Seals stammt; deshalb hier der Originaltext:

"Achim Mette is an inspiration, having completed the most difficult physical and mental training available to a civilian anywhere in the world. Proving his warrior spirit and unbeatable mind, Achim endured and even thrived during the rigorous SEALFIT Academy, then the crucible test of 50 hours of non-stop physical and mental challenges during the renowned Kokoro Camp. This book is a testament to Achim's experience and I honor his desire to pass on this insights to help others along their warrior journey. Hooyah Achim!"

Achim Mette und Mark Divine am „Tag danach"

SEAL FIT

CERTIFICATE OF COMPLETION

AWARDED TO

Achim Mette

FOR SUCCESFULLY COMPLETING
Kokoro Camp 10

June 27, 2010
DATE

Mark Divine
SIGNATURE

Hier ist Deine „Ich trau mich" Seite

Schreiben, Malen, Zeichnen, Kritzeln
Hier ist alles erlaubt!

Hier ist Deine „Ich trau mich" Seite

Schreiben, Malen, Zeichnen, Kritzeln
Hier ist alles erlaubt!

Entwicklungen

In den Jahren nach dem Camp zeigte sich die Einwirkung auf das Leben. Ich habe es zugelassen und kann es nur jedem empfehlen. Mit der richtigen Vorbereitung und der Achtung vor sich selbst schaffst Du die 5 Mountains. Ich adaptierte mir den Smoke Jumpers Creed:

I do today what others won´t
I do tomorrow what others can´t!

Die Smoke Jumpers sind Waldbrandexperten, welche aus Flugzeugen an die Brandherde in den weiten amerikanischen Wäldern springen. „Ich tue heute was andere nicht würden. Ich tue morgen was andere nicht können". Ein für Eigenveränderungen sehr hilfreiches und effektives Mittel der Visualisierung.

Hierbei beachte bitte, dass Du nicht immer alles für jeden lösen kannst wenn es brennt. Sei dort stark wo es Sinn macht und Deine Ressourcen ausreichen. In allen anderen Fällen organisiere entsprechende Hilfestellung und übergebe die Verantwortung; ansonsten wirst Du ausbrennen.

Dies spiegelt sich auch in den stark wachsenden Zahlen zu Erschöpfungssymptomen (BurnOut) wieder. Dein Ziel kann es nicht sein, Schaden, ohne Rücksicht auf Deine Bedürfnisse zu nehmen. Steckst Du in einem solchen

Teufelskreis ist es an der Zeit diesen – sofort – zu durchbrechen. In solcher Spirale ist die Gefahr Dir zu schaden immanent!

Aufkommende Hindernisse bzw. Meinungen:
(keine abschließende Aufzählung ☺)

Bist Du krank?
Das kann ja nicht gesund sein!

Hast Du wieder zugenommen?
Meine damalige Antwort: Nein, eine Konfektionsgröße weniger (Den Blick des Fragestellers hättet ihr sehen sollen; er versucht übrigens auch heute noch abzunehmen!)

Das haben wir noch nie so gemacht!
Es ist wahrscheinlich an der Zeit einen anderen Weg zu erkunden.

Du bist eh nicht in der Lage . . . .
Nette Worte des Zutrauens meist von sehr bekannten Leuten in Deinem Leben.

Das erlauben die eh nicht!
Wer immer „Die" sind; schon mal mit Fragen probiert?

Das ist unmöglich!
Ansatz hier ist zu überlegen wie es gehen kann und nicht warum es nicht geht.

Beim Abnehmen

Ein männliches Hindernis ist häufigeres Shoppen für passende Kleidung sowie Anpassung der Essgewohnheiten. Für die Damen dürfte Hindernis eins wohl eher eine tolle Motivation sein.

Schmerzen

In der ersten Nacht auf den 05.06.2008, also praktisch nach Tag eins des koordinierten Trainingsbeginn wachte ich unter starken Schmerzen immer wieder auf. Ein deftiger Gruß von den Bauchmuskeln, dass sie animiert wurden.

Eine erste Lerneinheit nach dem Motto „Schmerz formt".

Gegenwind

Machen wir den Gegenwind anhand der Entwicklungen beim Abnehmen sichtbar.

Triffst Du eine Entscheidung und verfolgst das Ziel „step by step" wird der Widerstand in Deinem Umfeld größer. Weiter vorne hatte ich schon angedeutet wer der Feind sein kann.

2010 durfte ich in einer Eisdiele am Nachbartisch folgendem Gespräch lauschen. Nennen wir die Teilnehmerinnen Helga und Sabine (In Anlehnung an das StarTrek Universum; beide gewichtsmäßig in der Galaxy-Klasse).

Sabine und Helga, beide jenseits der 50, unterhalten sich über Doris, eine gemeinsame Freundin seit über 20 Jahren:

Sabine:
„Hast Du schon gehört, Doris will jetzt abnehmen?"

Helga:
„Ja, ich weiß aber das bringt ihr eh nichts."

Sabine:
„Wieso? Sie soll schon 8 KG abgenommen haben!"

In diesem Augenblick brachte die Bedienung zwei Super-Magnum-XXL Becher mit einem Brennwert von mindestens 40 Minuten Rudern (auf mich bezogen).

Helga:
„Hab ich auch schon geschafft, dann der JoJo Effekt und 12 KG wieder drauf. Das kannst Du nämlich nicht verhindern!"

Sabine:
„Darüber habe ich auch schon gelesen; ist also Blödsinn sich die Arbeit zu machen."

Helga:
„Genau; habe ich Doris auch schon gesagt, aber die ist so komisch in letzter Zeit und hört gar nicht hin. Wird sie schon sehen was passiert."

Wichtig ist die eigene Sicherheit in der Gewissheit etwas wichtiges für sich zu tun. Mach Dir sichtbar, dass es ein wertvolles Ziel ist und Du gewillt bist den Preis zu bezahlen.

Ich bin in den letzten 2 Jahren nach dem Camp in der Lage gewesen mich und meine Gesundheit auf ein Level zu heben, auf dem es Spaß macht und Ausgleich zu Belastungen gibt. Vorteile im Beruf sind sehr hohe mentale Belastbarkeit und Entscheidungsfreudigkeit durch die Gewissheit nicht aufzugeben.

Im Privaten hat es erhebliche Veränderungen gegeben, da ich authentisch bin und meine Werte wie „My word is my bond; I will not fail" lebe.

Tolle, starke und belastbare Freundschaften entwickelten sich neu oder vertieften sich. Klar gibt es Tage mit einem Blick in den Abgrund. Dadurch weiß ich aber wie gut die Luft hier oben in der mentalen Freiheit ist.

Bereits vor dem Camp in der Zeit von 2008 bis 2010 wurde mir Eines klar und führte zu folgendem Tagebucheintrag:

„Mir ist viel klarer wie stark sich Menschen durch Meinungen, Halbwissen oder Trägheit bestimmen lassen. Das möchte ich für mich nicht mehr"

Nimm wahr, beurteile (nicht verurteile) und bestimme Deine Richtung. Es werden sich Dir die richtigen Menschen zu- und die Falschen abwenden!

Grenzen der Komfortzone

Wenn Du ein solches Camp erfolgreich beendest, bemerkst Du plötzlich, wie relativ eigene Grenzen sind. Hier setze ich in der Entwicklung an und prüfe welche Regeln es gibt und warum sie beachtet werden. Ist es nicht plausibel breche ich die Regel und erfahre was alles möglich ist.

Regeln zu brechen bedeutet nicht Anderen zu schaden oder Gesetze zu brechen. Veränderst Du Dich weil es – Dir – wichtig ist, wird Dein Umfeld Einfluss nehmen, um die komfortable Ruhe wieder herzustellen. Ich hatte weiter oben Beispiele aufgezählt, wie in der Weiterbildung oder auch im Studium.

Bei meinen Studenten erlebe ich immer wieder wie die Gruppe versucht Einzelne, die lernen wollen, zur Party-Time zu animieren. Kollektiv nichts zu tun ist einfacher als Vorbild zu sein oder durch gute Noten auffällig zu werden. Meine HP´s (High Potentials) unterscheiden sich von der Gruppe durch ein konsequentes Verhalten und dem Gespür, wann es Zeit für Party ist oder eben nicht.

Killer einer Konsequenz sind gute Vorsätze, denn es werden nach Studien nur 4% der Vorsätze erreicht. Übersetzt bedeutet dies 96% derjenigen mit guten Vorsätzen geben auf.

Woran das liegt kannst Du selbst überprüfen:

1. Ist Ziel klar definiert   Was
2. Ist der Grund klar   Warum
3. Ist Ort der Handlung   Wo

Alle theoretischen Formeln, die wissenschaftlich sicherlich ihre Begründung haben, wie ein Ziel sein muss, beispielsweise die   **S**   specific
                               M   measurable
                               A   achievable
                               R   relatet
                               T   timed
Formel

bringen Dir nichts, soweit es nicht Deines ist. Verinnerlicht, motivierend und erreichbar soll es sein. Ist es das nicht, dann bitte zurück an den Anfang.

Wo ist der Anfang?

Es fühlt sich manchmal an wie Unruhe oder Unzufriedenheit. Nimm diese Anzeichen ernst; nicht wie in ernst, schwierig, unangenehm! Heiße Deine Gedanken willkommen als ein Teil einer – noch – unbekannten Entwicklung. Diese Unruhe veranlasst Dich über Dinge aus einer anderen Perspektive nachzudenken.

Auslöser kann alles sein; vom lange vergessenen Wunsch bis zur plötzlich auftretenden Gelegenheit.

Fühlt es sich gut an? Folge dieser Entwicklung und schreib es Dir auf; der Beginn einer groben Zielplanung als Entwurf in Stichworten. Egal wie, aber schreibe es auf!

Kennst Du die Weisheit:

Der Dumme merkt es sich, der Gescheite schreibt es auf!

Nach meiner Erfahrung im Leben und in der Zusammenarbeit mit meinen Coaching-Partnern, ist dies so was von wahr. Aber bewerte es selber, wie es für Dich am besten ist.

Ist es Dir wichtig, liegt es jetzt ausschließlich am **TUN** (manchmal auch **T**ag **U**nd **N**acht).

Stellst Du Dich bewusst oder auch unbewusst gegen Deine Wünsche wirst DU unzufrieden. Diese Unzufriedenheit strahlst Du aus und schon wird Dein Umfeld reagieren; in der einen oder anderen Weise. Aber frag Dich

Hier ist Deine „Ich trau mich" Seite

Schreiben, Malen, Zeichnen, Kritzeln
Hier ist alles erlaubt!

Hier ist Deine „Ich trau mich" Seite

Schreiben, Malen, Zeichnen, Kritzeln
Hier ist alles erlaubt!

dazu einfach wie gern Du mit Leuten Zeit verbringst, welche unzufrieden mit sich selbst sind. Wie schön ist es dagegen mit ausgeglichenen, in sich ruhenden, Menschen umzugehen.

Also, wo ist nun der Anfang? In Deinem Kopf oder Herzen oder beidem!

Im Camp ist das Ziel das Ende der einzelnen Übung und nicht in 50 Stunden. Unmittelbare Herausforderungen lösen und so das 50 Stunden Puzzle zusammen zu setzen.

Mir hilft das im Planen entsprechende Teilschritte zu installieren und dadurch eine Sorgfalt zu erreichen, die das Losstürmen verhindert.

Losstürmen erzeugt Fehler, Fehler erzeugen Frust und Frust lässt Dich aufgeben.

Slow is smooth and smooth is fast

Übersetzt bedeutet dies in etwa "langsam ist glatt und glatt ist schnell".

Wenn für Dich ultimative Aufgaben anstehen hilft die 5 Mountain-Ausbildung ungemein. Auch diese Hügel bauen aufeinander auf. Ich nutze diese Erfahrung auch in der Coaching-Arbeit.

Überforderung und Radikalverbote

Wie Du an eine Änderung idealerweise herangehst, musst Du für Dich herausfinden. Soweit Du ein reales Problem mit Süßigkeiten hast, gibt es die Möglichkeit den Genuss durch einen radikalen Verzicht Dir gegenüber durchzusetzen; NICHTS mehr. Also auch nicht mehr als Teil einer Belohnung.

Projekt Portionierung

Klappt es besser mit einer Portionierung wie 1. – 4. Woche 50%, 5. – 8. Woche 75% weniger? Das liegt in Deinem Entscheidungs- und Verantwortungsbereich. Unterstütze es vielleicht mit dem Genuss von frischen Früchten; das sollte den Hunger auf Süßes wie Riegel senken. Außerdem sind solche Riegel üblicherweise extrem fett und die Inhaltsstoffe Industrieware.

Zur Überforderung kommt es auch, wenn Du nach langer Pause (teils Jahre) sofort 4 – 5 Einheiten pro Woche trainierst oder neben dem Beruf ein Fernstudium anfängst und jeden Abend 3 Stunden lernen willst.

Diese Pläne scheitern häufig weil sie zeitlich nicht in den Wochenplan des restlichen Lebens eingepasst sind. So ein Plan spiegelt zwar eine schöne und intensive Regelmäßigkeit; wir reden aber über Monate oder gar Jahre. Wenn ich also in einem Monat 24 Einheiten trainiere und mein Körper dann einen Monat Ruhe braucht, bedeutet dies im Training nicht das gleiche Ergebnis wie je Monat 12 Einheiten über zwei Monate. Das richtige Verhältnis von Belastung und Ruhe ist enorm wichtig.

Vor allem kannst Du wesentlich abgestimmter auf die Veränderungen / Außeneinflüsse in Deinem Körper, Kopf oder Leben reagieren. Diese Flexibilität sollte Dich immer begleiten; sie motiviert weitere, durchaus noch nicht bekannte, Optionen wahrnehmen zu können.

Feintuning ist enorm wichtig!

Schutzfunktionen

Im April 2012 durfte ich eine Läuferin auf einen Halbmarathon (21,0975 KM) mental vorbereiten.

Die Wochen vorher waren kühl bis kalt was das Trainingswetter betraf. Die Wunschzeit war erreichbar geworden, weil das Training entsprechend ausgerichtet wurde. In der letzten Woche stiegen die Temperaturen von 10 Grad kontinuierlich an.

Die Abschlussgespräche Dienstag und Donnerstag beinhalteten u.a. Kleidung, Trinkverhalten und Kilometertaktung. Am Vortag gab es die Meldung von 30 – 34 Grad Celsius während dem Lauf.

Was tun?   Anpassen!

Am Wettkampftag gegen 08.30 Uhr erfolgte die letzte Mentaleinweisung; gleiche Inhalte?

Wohl kaum! Laufen bei diesen Extremtemperaturen (Zumal das Training über Winter und in einem kalten Frühling erfolgte) kann töten! Klingt zu krass; frag den Arzt Deines Vertrauens!

Der neue Fokus lag auf Trinken, Hitze-Einwirkung und Ausfall von Läufern neben ihr.

Warum?

Es war für das Durchsetzen ihres Wunsches „Halbmarathon in neuer Bestzeit" kein Platz mehr. Jeder erfahrene Läufer fühlt beim Lesen dieser Zeilen welcher Schmerz da durchzustehen war. Das Trainingsziel war SMART aber die Realität erforderte eine Anpassung, somit entsprechendes Handeln. Hätte Sie die Bestzeit versucht zu erreichen, wäre sie zusammen gebrochen. Ob mental, körperlich oder beides sei dahin gestellt.

Wichtigstes Alternativziel war das Erreichen des Zieles und damit „Überleben" dieser Extrembedingung. Die Losung des Tages konnte nur lauten „Pass auf Dich auf"; kein Blick auf andere und deren Verhalten oder Äußerungen.

Ich wartete im Zielbereich um sie in Empfang zu nehmen. Sie kam ins Ziel und die erste Aussage von ihr war
„Ich hab auf mich aufgepasst". Die Schmerzen gehörten
ihr, aber auch die Süße des Sieges.

Es sind die Momente wo etwas in Std/Min nicht messbar
ist; wie sie sich heute fühlt beim Gedanken es geschafft
zu haben?   **- Einfach geil -**

Zwischen den beiden Bildern liegen nur 15 Minuten. Wie
schnell es Jemandem doch bewusst wird, was sie geleistet hat ☺. Klasse gemacht; ich bin stolz auf Dich!

Ich hatte auch die Möglichkeit mir Abbrecher und ihre
Ausreden anzuhören. Viele besser trainiert, kräftiger und
angeblich erfahrener; keiner in der Lage sich anzupassen
und zu akzeptieren, dass Schmerz ein Begleiter jedes
erfolgreichen Menschens ist!

Schmerz ist nicht nur auf das Körperliche bezogen. Natürlich tut es weh geschnitten zu werden wenn Du neu aufbrichst, und wie ich, über Jahre konsequent bist. Es ist es aber Wert diesen Preis zu bezahlen ein selbstbestimmtes Leben zu führen.

Angst und Mut

Angst fühlen in der Entscheidungsphase ist auch normal. Der Ausgang bleibt noch ungewiss, Mutter Natur hat uns mit einer gesunden Portion davon ausgestattet; **um zu überleben**.

Vor einigen Jahren coachte ich eine junge Frau, welche unter massiver Prüfungsangst litt. Wir lernten uns in der Zeit vor Ende ihres Studiums kennen. Sie erkannte für sich den Vorteil in der Vorbereitungsphase zur Abschlussprüfung mit mir zu arbeiten.

Ich arbeite in diesem Segment gerne mit kleineren Tagesaufgaben wie mail/message zur Positionsfindung; häufig in Verbindung mit Bildern, Musik und deren Gefühlsverknüpfungen.

"…. to live without my music would be impossible to do, ´cause in this world of trouble my music pulls me through"

John Miles

Diese Hammernummer begleitet mich seit Jahrzehnten und ich habe die Kraft von Musik im Allgemeinen und Besonderen erlebt, wenn Du Dich darauf einlässt. Sie muss zu Dir passen und Du musst sie fühlen können, dann hilft es bei so mancher Aufgabe.

Bei ihr geschah folgendes:

Sie erzählte mir nach 3 Wochen, dass sie keine Angst mehr vor den Prüfungen hätte. Jetzt hatte Sie Angst davor keine Angst mehr zu haben und sich ruhig zu erleben. Aber auch diese Herausforderung lösten wir erfolgreich ☺.

Lass es zu . . .

. . . soweit Du Verbesserungen, Änderungen usw. an Dir bemerkst; schlicht weil Du es wert bist! Das ist der Lohn für das Aufbrechen und sich nicht der Situation fügen. Natürlich fühlt es sich ungewohnt an, aber so schwer ist die Gewöhnung an Schöneres nicht!

Sei mutig!

Soweit Ihr Euch mit den Gedanken tragt solche Veranstaltungen und Camps zu besuchen, seid mutig. Fangt mit dem Gefühl an was Euch bewegt und wie es nach erfolgreichem Bestehen sein wird.

Nehmt es als Überprüfung der Willenskraft und die Chance über Euch unter härtesten Bedingungen zu lernen. Bei uns hat übrigens der erste Teilnehmer nach einer Stunde aufgegeben.

Diese Art von Trainings können nur funktionieren mit „Lehrkräften" die selbst einen entsprechenden Background haben. Es muss gewährleistet sein neben den allgemeinen Aufgaben sehr intensiv persönlich in die Belastungen geführt, überwacht und entwickelt zu werden. Raus aus der Komfortzone und massiv in das unbekannte Land der eigenen Stärken.

Bereits in der Vorbereitungsphase wirst Du fortlaufend an Deine Grenzen stoßen. Nach den ersten Wochen treten sie alle an; Schweinehunde, Moralisten, Besserwisser und Du selbst.

Nachdem wieder mal ein Besserwisser aus meinem Umfeld versuchte die Trainingsleistung zu unterminieren, erlaubte ich mir eine Antwort:

„. . . Beweggründe für das Versagen bei eigenen Trainingsleistungen sollten Verlierer mit sich diskutieren und nicht mit denen die Erfahrung und hartes Training genießen"

Dauerkritiker verdienen durchaus deutliche Worte; es hilft meist das Umfeld zu befrieden. Diese Menschen diskutieren ihre Gründe mit Dritten äußerst ungern.

Es wird ein Hin + Her ob die Entscheidung richtig war. Das gehört zur Entwicklung wie die Luft zum Atmen. Die Zeit wird zeigen welche Aktionen in der Vorbereitung angepasst werden müssen. Die Wahrheit / der Wille Grenzen zu überwinden wird effektiver; dies bringt Dich in eine positive Leistungsspirale mit der abschließenden Überprüfung Deiner Stärken im Camp oder wo immer es stattfinden wird.

Vorbereitung ist vieles aber bitte nicht zu viel!

Wie lang die Vorbereitungszeit für Dich dauert? Das kann Dir niemand ehrlich und genau beantworten. Ich brauche für mich maximal 8 Monate zu definieren, da sonst die Gefahr besteht „Es ist zu weit weg".

Erfolgreiche benennen mir für unterschiedlichste Ziele zwischen 6 – 9 Monate.

In beruflichen Aus- und Weiterbildungen kann dies auch bis 3 oder 4 Jahre dauern. Bei solch langen Zeiträumen ist es wichtig Zwischenziele und Belohnungen fein abzustimmen.

Belohnungen?   **Aber logisch!**

Was kommt denn als Belohnungen in Betracht wirst Du Dich jetzt fragen? Alles was dem Ziel nicht schadet ☺.

Sie muss Körper & Geist gut tun
Sie muss motivierend sein
Sie darf nicht größer sein als die im Endziel!

Nimm Dir ein Blatt Papier und schreib diese Kleinigkeiten auf.

In Verbindung mit dem **Wd-Prinzip** einfach verknüpfen und anwenden (TUN):

Wenn ich 5 KG am 30.09. abgenommen habe,

dann …………… !

Ziel verpasst: ➜   keine Belohnung

Ziel vorher erreicht: ➜   gleiche Belohnung

Setze die Ziele realistisch, informiere bzw. spreche Dich mit Deinen Trainern oder Beratern ab. Wie oben erwähnt, wende Dich nur an erfahrene, im Segment, erfolgreiche Menschen. Andere reden drüber und tun weniger; das hilft Dir nicht sondern behindert!

Mit einem ausgeklügelten Belohnungssystem erreichst Du traumhafte Fortschritte weil Du hoch motiviert bleibst.

Ziel verpasst?

Verpasst Du das Ziel stelle die Fehler fest und dann ab.

Allerdings KEINE rückwirkende Belohnung für späteres Erreichen; maximal eine wesentlich kleinere eher aber keine. Sonst lernt Dein Unterbewusstsein nicht dazu und Du verwässerst Deinen Weg.

Klar gibt es Situationen in denen das Ziel nicht mehr erreichbar wird. Aus meiner Sicht und der anderer erfolgreicher Menschen sind jedoch weit über 90% der Gründe versteckte Ausreden.

Krankheiten, massive Änderungen im privaten oder beruflichen Bereich mögen das Erreichen erschweren aber selten verhindern.

Du hast oben das Beispiel vom Halbmarathon gelesen; also pass Dich an, hör auf über negative Gefühle und andere Unwegsamkeiten zu sinnieren.

Schon ein Versager?

Solltest Du Dein Ziel nicht erreichen bist Du als Mensch nicht weniger wert. Im Gegenteil; die Besserwisser und sonstigen Maulhelden haben es erst gar nicht versucht. Wer fällt hat vorher etwas getan; nur Liegenbleiben schadet.

Deshalb steh auf und werte das Ergebnis möglichst neutral aus; am besten schriftlich und in Deiner Sprache!

Fange mit einer Überprüfung und eventuellen Neuausrichtung Deiner Ziele an und bleibe konzentriert. Fehler passieren; nutze sie um zu lernen und passe Teile oder anderes an. Es sind sicherlich nicht die Anderen; der Auslöser lag bei Dir! Fehleinschätzung, fehlende, ungenaue oder falsche Informationen deuten auf eine schlechte Planung hin.

Fehler sollen nicht passieren also wirst Du die Erfahrungen berücksichtigen und umsetzen anstatt Dein Umfeld voll zu jammern.

Was der Profitrainer sagt:

Aber lassen wir uns mit einem Profi-Trainer sprechen. Markus Riedl (VITA siehe Anlage) begleitet mich seit 2001 bei meinen Aktionen. Er selbst war mehrfacher

Hier ist Deine „Ich trau mich" Seite

Schreiben, Malen, Zeichnen, Kritzeln
Hier ist alles erlaubt!

Hier ist Deine „Ich trau mich" Seite

Schreiben, Malen, Zeichnen, Kritzeln
Hier ist alles erlaubt!

Bayerischer bzw. Deutscher Meister im Karate und ist heute Personal Trainer und Leiter Training im größten Fitness-Center meiner Heimatstadt. Nicht die Quadratmeter im Center sind wichtig sondern welche Qualität an Arbeit dort geleistet wird. Dazu aber später mit den Hinweisen worauf Du bei der Auswahl achten solltest.

Ich habe Markus im Juli 2012 gebeten die folgenden Fragen zu beantworten:

Wie fange ich sinnvoll an?

„Die Auswahl beginnt mit dem richtigen Studio. Es darf kein allgemeiner Anfängertrainingsplan verordnet werden. An erster Stelle muss ein körperliches Screening stehen; dieses besteht aus einem ersten individuellen Leistungstest und Besprechung evtl. körperlicher Einschränkungen.

„Ich habe Rückenprobleme" darf nicht automatisch zu Übungen für den Rücken führen sondern muss die Probleme vom Ursprung definieren, um so eventuell andere Muskelgruppen zuerst in die Belastungen zu führen.

Ein breites Spektrum sollte, gerade bei Gewichtsproblemen, die Ernährungsberatung einnehmen. Ein guter Trainingsplan wird immer durch eine abgestimmte Ernährungsumstellung begleitet.

Der Anfänger muss sich bewusst machen, dass ein Training auf Dauer umsetzbar sein soll; also in den Tagesablauf integriert wird. Bei Wettkampfzielen sportlicher Art werden immer zuerst körperliche Voraussetzungen geschaffen, um dann in ein gezieltes Training zu wechseln."

Warum ist es für einen Anfänger schwer im Training zu bleiben bzw. was sind die häufigsten Versagensgründe?

„Achim, wie Du aus Deiner Arbeit kennst, ist die fehlende Ernsthaftigkeit häufig ein Problem. Es ist ein Zeichen der Zeit, dass viele denken durch den Beitrag zum Studio wird der Erfolg bereits mit bezahlt.

Im Alter bis 35 ist eine Bequemlichkeitstendenz zu erkennen. Die Generation „GameBoy" wurde als Kinder nicht mehr richtig an den Spaß von Bewegung gewöhnt.

Nun über 20 und mit einigen Kilos mehr werden sie mit Arbeit am eigenen Körper konfrontiert, da ist ein Abbruch wegen fehlendem Gemütlichkeitsfaktor im Training vorprogrammiert. Diese Generation ist es gewohnt sich vermeintlich alles kaufen zu können, aber im Sport zählt immer noch die Devise:

**„Erfolg durch Leistungsbereitschaft
und dem Willen zu tun"**

74

Manchmal wird auch nur saisonal trainiert; also im Winter für den Body im Sommer. Den kompletten Sommer wird gechillt und im Herbst schlägt die Keule der Mühen zu und lässt den Re-Entry zu schwer erscheinen.

Im Alter über 35 ist ein Denkfehler bemerkbar. Der Körper verlangsamt den Stoffwechsel und Muskeln bauen sich nicht mehr so schnell auf wie noch mit 20.

Ich benötige also mehr Zeit um annähernd das gleiche Ziel zu erreichen. Deshalb wird dann häufig Zeitmangel ins Feld geführt und abgebrochen.

Wobei Zeitmangel des Aspiranten von den meisten Studios ignoriert wird. Ich kann einen Plan auch dem Engpass angleichen und in Bewegung bleiben. Meine Personal-Kunden sind immer überrascht, dass es dann doch nur eine Ausrede ist und mit Umstellungswille auch der Erfolg kommt."

Was macht den auf Dauer erfolgreichen Freizeitsportler aus?

„Na, einer mit Deiner Einstellung, Erfahrung und Willen Achim! (lacht)

Es kristallisieren sich da folgende Eigenschaften raus. Er oder Sie ist in Sachen Eigenmotivation weit über dem

Durchschnitt. Sie sind diszipliniert und haben – ganz wichtig – Spaß !!

Es sind sehr aufgeklärte Menschen beim Thema Sport wissbegierig, hören zu, nehmen Ratschläge an und übersetzen diese auf ihre Situation.

Die Eigenschaften entwickeln sich und mit dem richtig geschaffenen Umfeld haben sie Mentoren / Helfer. Die brauchen sie wie wir beide wissen in „dunklen" Momenten der Motivation oder wie Du es nennst „bei Genuss der Schmerzen"."

Wann soll ich anfangen mit dem Training?

„Gestern? Spaß beiseite, idealerweise im Kindesalter. Mit dem Alter gehen Dinge verloren wie Beweglichkeit, Koordination usw.. Schau einfach mal Kindern auf dem Spielplatz zu, wie natürlich klettern, laufen und spielen ist.

Abgestimmte Bewegung in der richtigen Dosierung schadet nie. Ob es in der Rehabilitation nach einem Unfall ist oder auf dem Weg zum Ziel des Abnehmens.

Es gibt kein Mindestalter für die richtige Art der Bewegung. Sicherlich ist gut zu wissen, dass uns auch kein Höchstalter hindert.

Aber immer unter der Prämisse: abgestimmte Bewegung in richtiger Dosierung!"

Was sagt der Profitrainer über den Autor?

Ohne zu schmeicheln!

„Deine professionelle Einstellung beim Coaching überträgst und verlangst Du auch von Dir im Privaten. Die immer wieder geänderten, sich aufbauenden Trainingsimpulse hast Du trotz teils massiver Mischung von Anstrengung / Schmerz angenommen und verdienter Maßen Erfolge gefeiert.

Wer schafft in 15 Monaten in der Mixtur aus Training und Ernährung beim Körperumbau 34 KG abzunehmen um eine Grundlage zu schaffen? Dann folgt ein intensiver Muskelaufbau, um eines der härtesten / das härteste Camp zur persönlichen Weiterentwicklung zu bestehen?

Das qualifiziert Dich mehr als jeden pseudoerfahrenen Trainer; selbst bei Liegestütze 85 in der Vorbereitung zum Camp war stets ein Lächeln bei meinen fordernden Ansagen zu erkennen!"

Anmerkung des Autors:
Liegestütze 85 befindet sich in Wiederholung IV der
4 à 25-Serie innerhalb einer Gesamtzeit von 8 Minuten.

Wo sind meine bzw. Deine Orte des Handelns?

Wie oben näher beschrieben finden Veränderungen ihren Ursprung in den Gedanken über das Jetzt und ein gewünschtes Morgen.

Ob es Änderungen in den Beziehungen zu Menschen sind oder zu sich selbst; dafür solltest Du für Dich einen Platz finden der sich gut anfühlt. Nur dort hast Du die Möglichkeit Deinen Gedanken nachzugehen und erste Schritte für die Zielplanung zu unternehmen.

Gibt es diesen Gedankenplatz schon?

Wenn nicht, bestimme ihn für Dich. Wer sagt, dass im Wald oder auf einer Wiese keine Ziele aufgeschrieben werden dürfen? Vielleicht ist es auch dieses nette Café in welchem Du Dich gut behandelt fühlst.

Sei frei in Deiner Entscheidung. Du wirst schnell merken wie Dein Unterbewusstsein auf diesen Ort reagiert.

Gibt es Herausforderungen zu überdenken, nutze ich die Stille eines schönen Stundenlaufs; meist im Wald, auf dem Donaudamm oder mit Mucke im Ohr auf dem Laufband, Crosstrainer usw.

Recherchiere ich Inhalte daheim am PC habe ich mir, was Essen und Trinken betrifft, die richtigen Lockermacher eingekauft.

Lese ich mir Sachen an, gehe ich gerne in mein Lieblings-Café. Meist lerne ich dabei sogar besondere Menschen kennen, die für kurze Zeit mein Leben (eine oder mehrere Stunden) begleiten.

Bei mir kommt es auf die individuelle Situation an; darauf nehme ich Rücksicht und erlaube die wechselnde Umgebung. Das macht meine Wege leichter, da ich auf das Gefühl achte und nicht in den berühmten „Keller" gehe, um allein zu sein. Das geht in teils großen Menschenmengen auch sehr gut.

Lass es einfach zu!

An Orten die Wohlfühlen nicht ermöglichen wirst Du gehemmt und abgelenkt bleiben. Dies führt schnell zu negativen Gedanken und solche halten auf.

Für Entscheidungen in den Bereichen Privat/Beruf/Sport ist es gleichwertig; steht eine Trennung an kann ein Umzug Sinn machen. Betrifft es eine berufliche Entwicklung geht dies vielleicht nicht beim gleichen Arbeitgeber.

Manche Sportarten sind nur in Teilen des Landes möglich; da bleibt Dir nichts anderes übrig außer mobil zu sein oder es zu werden.

Nehmen wir im Sport das Fitnessstudio als Beispiel.

Welches Studio ist für Dich der richtige Ort?

Hierzu habe ich den Inhaber meines Studios befragt der, nach meiner Auffassung, das richtige Angebot und Qualität sowie mittlerweile auch über 20 Jahre Erfahrung im Studiobetrieb hat.

Volker Beitler war selber Kraftsportler und ist stets bestrebt seine Studios weiter zu entwickeln und auf dem Stand der Dinge zu halten. Im Herbst 2012 erfolgt ein weiterer Schritt mit dem massiven Aus- und Umbau des LifeparkMAX in Ingolstadt, Donau.

Es werden insgesamt in 2 Studios vor Ort über 5000 qm zur Verfügung stehen. Wie ich weiter oben beschrieb ist die Größe nicht alles; lassen wir Volker Beitler die Fragen beantworten:

Was soll ich von einem guten Studio erwarten?

„Markus Riedl hat ja zu den Trainingsinhalten und dem richtigen Beginn etwas gesagt. Ein Studio sollte durch das Personal unbedingt entsprechende Qualifikationen vorhalten. Dies können sein Fitnessökonomen (Hochschulstudium), Fitnesstrainer idealerweise mit A-Lizenz und für den Kurs- und Physiotherapie-Bereich berufliche Sonderausbildungen.

Hier trennt sich meist schon die Spreu vom Weizen, da es nicht ausreichend ist einen oder zwei Mitarbeiter zu haben, welche qualifiziert sind. Wir arbeiten am und für den Menschen, da sollte es selbstverständlich eine der Mitgliederzahl entsprechende Anzahl sein.

In Stoßzeiten darf das Mitglied kein Enge-Gefühl erleben oder ewig auf ein freiwerdendes Gerät warten. Deshalb sollte eine ausreichende Anzahl an Geräten zur Verfügung stehen.

Im hiesigen Studio haben wir in Spitzenzeiten 300 Mitglieder im Training und da helfen im Ausdauerbereich 15 Laufbänder, 20 Crosstrainer, 20 Cardio-Räder. Somit braucht der Kunde nicht zu warten oder schlimmer, das Training unterbrechen."

Warum gibt es in Deinen Studios so viele Kursangebote (derzeit über 900)?

„Sport soll, darf und muss Spaß machen! Sicherlich auch zu jeder Tageszeit, denn Mitglieder haben zu verschiedenen Zeiten Lust auf Kurse.

Zur Unterstützung von Koordination und Bewegung haben sich über die letzten 20 Jahre die typischen Aerobic-Kurse weiter entwickelt und verfeinert. Diese gehen teils gezielt auf Problemzonen ein und helfen in der Gruppe gezielt dem „eigenen Problem" zu begegnen.

Ob es Bauch-Beine-Po, Zumba oder Rückbildungsgymnastik nach der Schwangerschaft heißt; wichtig für ein Studio ist solche verschiedenen Kurse anzubieten. Trainingsinhalte ändern sich und eine große Auswahl an Kursen kann den Sportler hier unterstützen und das Training ergänzen.

Unsere Trainer und Kursleiter kommen mit einer guten Ausbildungsbasis, sind aber jährlich auf Weiterbildungen um immer eine effiziente Trainingsbegleitung leisten zu können."

Wie sieht es mit Entspannung aus?

„Neben ordentlich effektivem Training steht immer auch die Ruhephase gleichwertig daneben. Wobei „Ruhe" nicht zu verwechseln ist mit nichts tun. Yoga kann sehr anstrengend sein und führt in der Trainingsentwicklung kein Nischendasein mehr.

Du als Coach weißt wie wichtig der Zeitpunkt ist sich nach innen zu wenden und manchen Knoten zu lösen."

Was sollte ein Studio im Bereich Wellness bieten?

„Wellness Heute ist nicht mehr die Sauna von gestern. Vom Angebot sollte ein Studio mit sehr guten Hotels vergleichbar sein. Dazu zählen Dampfbad, Sanarium, verschiedene Saunen, Tauchbecken, Eiswasserbrunnen, Stillebereiche usw.

Es mag auf den ersten Blick nichts mit dem Training zu tun haben. Die Nutzungszahlen und Empfehlungen von Experten zeigen aber wie wichtig und gerne Sportler sich damit „belohnen". Bei uns gehen Kurse nach dem Ende teilweise im größeren Kreis zum „Sammel-Wellnessen"."

Wie wichtig ist persönliche Betreuung?

„Gerade am Anfang treten Fragen auf, werden Geräte falsch benutzt oder Übungen nicht richtig ausgeführt. Es sollten also zu jeder Zeit ausreichend Trainer sowie für allgemeine Fragen Servicekräfte anwesend sein.

Mit der persönlichen Weiterentwicklung im Training wächst aber dann auch der Beratungsbedarf des Kunden wohin die Reise gehen kann; Stichwort Anpassung von Übungsinhalten oder aufkommende Wettkampflust (erster Halbmarathon usw.).

Das können Billiganbieter oder kleinere Center sich schlicht nicht leisten. Wir bieten deshalb Probewochen an, damit das zukünftige Mitglied es erleben kann und deshalb eine bessere Entscheidungsgrundlage für das Abenteuer Fitness hat."

www.lifeparkmax.de

Wer kann helfen?

Es läuft also darauf hinaus neben dem eigenen Willen zum Tun die richtigen Werkzeuge zu kennen. Am für Dich richtigen Ort angewendet, sollten sie Dich sehr weit bringen.

Vieles kannst Du sicherlich mit einer Portion Mut und gesundem Menschenverstand erreichen. Bücher, Meinungen oder Onlinetools nutzen; jedoch finden diese schnell ihre Grenzen.

Denk für Dich darüber nach vielleicht auch die Hilfe eines Coachs in Anspruch zu nehmen. Bei vielen, meist kaum messbaren Dingen, geht nichts über ein persönliches, auf Dich abgestimmtes, Feedback.

Ein Coach wird nicht die Arbeit übernehmen aber sicher helfen die Perspektiven zu sortieren. Dies ist für Deine Entscheidungen wichtig; Du denkst aus Deiner Situation und Erfahrung heraus.

Logisch, denn Du bist Du!

Hier ist Deine „Ich trau mich" Seite

Schreiben, Malen, Zeichnen, Kritzeln
Hier ist alles erlaubt!

Hier ist Deine „Ich trau mich" Seite

Schreiben, Malen, Zeichnen, Kritzeln
Hier ist alles erlaubt!

Hilfe besteht hier in der für Dich wichtigen Positionsbestimmung. Kennst Du danach „Soll und Ist" fängt die Planung für Dein Ziel an konkrete Formen anzunehmen.

Solche „Steigbügel" findest Du üblicherweise nur in der realen und wohl kaum in der virtuellen Welt.

Faktor Mensch

Du als Person bist nur mit menschlicher Wahrnehmung sowie Erfahrung optimierbar.

Ich arbeite als Coach mit Menschen bei denen ich spüren kann, dass der Wille zur Offenheit vorhanden ist. Anders kann ein Coaching nicht erfolgreich sein. Wie lang diese Begleitung dauert entscheidet sich auf dem Weg. Dauerhaft sicher nicht, durchaus aber immer wieder.

Prüfe für Dich einfach mal diesen Weg mit Begleitung aber immer in eigener Verantwortung. Hast Du Fragen? Nutze einfach meine Homepage oder mail.

Eine Entwicklung ist seit einiger Zeit das e-coaching. Alleinstehend ist die elektronische Begleitung nur für sehr wenige effizient hilfreich.

Wie weiter oben erwähnt bleibt der persönliche Kontakt auch im Medienzeitalter wertschöpfender!

Epilog

So nun ist es aus!

QUATSCH; für Dich hoffe ich, Du erlaubst Dir nun Deine Wünsche zu formulieren. Auf dem Weg zum Ziel akzeptiere Dein derzeitiges Umfeld und fange an Dir vorzustellen wie es nach Umsetzung Deiner Vorhaben sein wird.

Wie Du lesen konntest haben viele Menschen diese Vorbehalte sich zu ändern weil es eine gewisse Unruhe erzeugt und viel Arbeit bedeutet. Die Intensität hängt von den Wünschen und dem Bedarf bei Aufbruch zum neuen Ufer ab.

Geh doch einfach mal ein paar Jahre zurück als Du noch nicht so gefangen warst und es fast selbstverständlich war zu rebellieren; genau Deine Jugend, das junge Erwachsenen-Alter. Was für Bäume nicht alles ausgerissen werden sollten!?

Nun hast Du die Möglichkeiten etwas zu tun, fange an den Hunger nach Veränderung in Deinen Alltag einzuladen. Wie schwer es auch sein wird; gehe den ersten Schritt zum . . . .

. . . . weil ich es MIR wert bin!

was auch immer
wo auch immer
mit wem auch immer

nutze einfach DEIN Potential!

Danksagung

Na, bei wem bedanke ich mich jetzt?!

Ich möchte dies bei all den Menschen tun, welchen ich begegnete und die mir durch ihr Verhalten (Worte oder Taten) zeigten wie ich nicht sein möchte.

Ich und jeder von Euch hat ja die Möglichkeit seine Freunde zu wählen ☺.

Ein besonderer und mit viel Herzblut verbundener Dank geht an jene Zeitgenossen, welche mich in meinem Leben offen und menschlich behandeln. Hierzu gehören natürlich die wunderbaren Unikate des Lebens, die mir Stärke, Mut und Liebe schenken und ermöglichen.

Der nicht übersetzbare (weil ich nicht mag!) meines Dankes an das Sealfit-Team:

With the deepest appreciation from the heart and the acknowledgement of your fortitude in professionel care. To be a Navy Seal is not a job but an attitude. You showed it during camp and shared the attitude freely. Special thanks of course to you Mark and the best to the chief´s Cerillo and Smith!

Achim "Meat" Mette

Lebensläufe

Wie es im Leben so ist, haben sich meine Wege mit denen von mir geschätzten und im Buch interviewten Menschen gekreuzt. Hier ist es an der Zeit zu zeigen wie unterschiedlich diese Wege waren, bevor sie sich kreuzten.

Achim Mette ab Seite 92

Mark Divine ab Seite 94

Markus Riedl ab Seite 96

VITA Achim Mette

Achim Mette,
geb. 1963, 2 Kinder, geschieden

Ziel- und Kommunikationstrainer
geprüfter Versicherungsfachwirt (IHK)
Versicherungsrechtsassistent (ZAR)

Beruf / Berufung in den Jahren 1983 bis Heute

Nach meiner Dienstzeit bei der Bundeswehr (derzeitiger Dienstgrad Hauptmann) habe ich mich gerne Menschen und deren Entwicklungspotential gewidmet. Ob in Führungspositionen wie Geschäftsführung, Vorstand oder Aufsichtsrat war es mir stets wichtig den Menschen und seine Persönlichkeit zu fördern.

Neben fachlich hochwertiger Arbeit darf nicht der Kern der Leistung vergessen werden. Sei es in der Konfliktkommunikation oder bei der Zielfindung; der Mensch und sein Umfeld sind das Fundament.

Durch langjährige Arbeit kenne ich die Untiefen von Konfliktpotentialen und trainiere Menschen diese zu lösen.

Meine Aufgabe ist es Menschen Perspektiven aufzuzeigen und die Motivation zu vermitteln auch ungewöhnliche Ziele zu prüfen, Wege zu entwickeln und bei ernsthaftem Wunsch zu verfolgen. Es geht dabei häufig nicht um gewinnen sondern vielmehr das Bewusstsein nicht aufzugeben, wenn es zu Kurven im Leben kommt.

Unternehmen und Einzelpersonen zeige ich in Trainings Potentiale auf und wie diese umgesetzt werden können.

Dies können Vorbereitungen auf Assessment-Center oder Auswahlkriterien in der Führungskräfteentwicklung sein; individuell abgestimmt und wertschöpfend.

Ob es Workshops, Mehrtages-Erlebnisse oder für eine Keynote zur Motivation der eigenen Leistung ist; immer authentisch und unterhaltsam aber nie oberflächlich.

Informiere Dich weiter auf

www.nicht-ohne den-anderen.de

VITA Mark Divine

Founder & CEO U.S. Tactical

Mark Divine is from upstate New York and studied at Colgate University and NYU, where he received an MBA.

After graduation, Mark began his professional career as a CPA with Coopers & Lybrand in New York City. He left the suit at the young age of 26 to become a Navy Seal – graduating as honor-man (#1 ranked trainee) of his SEAL BUD/s class 170 – and served nine years of active duty. Mark remained in the reserves for eleven years– retiring at the rank of Commander in 2011.

Upon leaving active duty in 1997, Mark co-founded the successful Coronado Brewing Company and launched NavySEALs.com. He then formed US Tactical only to gain a Navy contract to train SEAL, SWCC, EOD and Diver candidates nationwide.
Mark's business career was interrupted by a stint as an Adjunct Professor of Leadership at the University of San Diego, and then by a one year recall to active duty in 2004 to Baghdad with SEAL Team One.

In 2007, Mark launched his CrossFit affiliate and internationally known SEALFIT program to provide transformational personal and team training experiences. The training utilizes an integrated warrior development model he developed, called Unbeatable Mind, which draws from his 20 years as a SEAL and business leader, 25 years as a martial artist and 15 years as yoga practitioner.

SEALFIT and Unbeatable Mind are uniquely effective at elevating clients to a higher level of operating, thinking and leading – encompassing the full spectrum of human experience – Body, Mind and Spirit in Self, Team and Organization.

www.sealfit.com

Certifications, experience, honors:

CPA, New York State
BUD/s class 170 Honor man
SEAL TEAM 3 Platoon CDR
Commanding Officer, NR SEAL TEAM 1
Commander, US Navy Reserves
Colonel, Kentucky Order of Colonels
Ambassador, SEAL (NSW) Foundation

Ashtanga Yoga Instructor training
Combat Defense Master Trainer
S.C.A.R.S. Military H2H instructor
Seido Karate: black belt
Goju Ryu Karate: black belt
Saito Ninjutsu: brown belt
Various CrossFit / Self Defense certifications

VITA Markus Riedl

Markus, Jahrgang 1970, war bis in das Jahr 2000 Leistungssportler mit 7 Jahren als Aktiver in der Bundesliga im Kampfsport Karate und erreichte folgende Erfolge:

1 x Deutscher Jugendmeister
5 x Deutscher Meister

Hinzukommen mehrere internationale Meistertitel.

Seit 1996 ist er A-Lizenz Trainer Fitness, Lehrer für Ernährung und bildet sich bis heute jährlich mehrfach weiter, um jeweils modernste Trainingsmethoden/Ernährungsentwicklungen in seine Arbeit implementieren zu können.

Durch diese hohe Fachkompetenz ist er 1996 Leiter Trainingsbetrieb im größten regionalen Fitness-Studio geworden; dem LifeparkMax in Ingolstadt, Donau in Bayern.

Seit 2006 bietet er seine Erfahrung auch als Personaltrainer an. Informieren kann sich der Leser hier

www.personaltrainer-ingolstadt.de

Wer bucht für seine eigene Entwicklung Markus als Personal-Coach?

„Meist ist es die Altersgruppe 30plus, die entweder wegen körperlicher Beschwerden (Rücken, Knie usw.), Übergewicht oder Diabetis dem Leben wieder mehr Qualität geben wollen.

Ebenso melden sich im Beruf stark Engagierte, welche Körper und Geist frisch halten sowie Zivilisationsbeschwerden vorbeugen wollen."

KOKORO, das Camp

KOKORO mit seinen Härten ist ein komplexes Training für die Bereiche Körper, Geist, Gefühl, Herkunft sowie Sinnes-Wahrnehmung.

Auch sehr gut Trainierte können körperlich problemlos in maximal 15 Stunden gebrochen werden. Dies ist kein Primärziel und Abbrecher tun dies auch meist aus mentalen Gründen; sie haben unter Druck nicht die Stabilität sich in der Spur zu halten.

„Where the mind leads the body follows"

„Wohin der Geist führt folgt der Körper"

Vielleicht für viele unvorstellbar aber schlicht wahr. Hier setzen die Ausbildungen der 5 Mountains an; diese Bezeichnung 5 Berge visualisiert, dass es kein ebener gerader Weg ist. Sie entwickeln sich immer weiter unter Einbeziehung des jeweils vorherigen Berges.

Während der 50 Stunden kommt es also zu einer völligen Auflösung von Grenzen, um danach mit dem Aufbau eines absolut anderen Verständnisses für sich selbst zu beginnen. Resultat ist ein erfolgreicherer Umgang mit Hindernissen / individuellen Zielen im Alltag.

Neben den rein physiologischen Belastungen wird Selbstwahrnehmung, der Blick auf die Welt und das Wie des eigenen Weges geklärt und geschärft.

Für wen geeignet?

Willst Du intensiv und gewinnbringend Einstellungen von Dir überprüfen, kleinere sowie Lebensentscheidungen in Zukunft besser zu managen, bist Du richtig.

Das Camp ist für Teamplayer geeignet, denn Egoisten scheitern. Warum Teamplayer; in Deinem Leben wirst Du immer auch mit Deinem Umfeld konfrontiert und da sollte für Dich die Erkenntnis Alltag sein, welchen Preis Du gewillt bist für Dein Ziel zu bezahlen.

Ungeeignet ist KOKORO für Menschen, welche harte körperliche Belastungen ablehnen. Auch ist mit dem Eintrittsgeld das Bestehen nicht automatisch vereinbart.

Soweit Du ernsthaft interessiert oder dem Englischen nicht so mächtig bist, schreib mir. Ansonsten informiere Dich über die HP **www.navyseals.com**.

Hier ist Deine „Ich trau mich" Seite

Schreiben, Malen, Zeichnen, Kritzeln
Hier ist alles erlaubt!

Hier ist Deine „Ich trau mich" Seite

Schreiben, Malen, Zeichnen, Kritzeln
Hier ist alles erlaubt!

Hier ist Deine „Ich trau mich" Seite

Schreiben, Malen, Zeichnen, Kritzeln
Hier ist alles erlaubt!